German Parra Naranjo

La Biblia de la Ley de Atracción

AF549022

German Parra Naranjo

La Biblia de la Ley de Atracción

Aplica correctamente esta Ley

CREDO EDICIONES

Imprint
Any brand names and product names mentioned in this book are subject to trademark, brand or patent protection and are trademarks or registered trademarks of their respective holders. The use of brand names, product names, common names, trade names, product descriptions etc. even without a particular marking in this work is in no way to be construed to mean that such names may be regarded as unrestricted in respect of trademark and brand protection legislation and could thus be used by anyone.

Cover image: www.ingimage.com

Publisher:
CREDO EDICIONES
is a trademark of
Dodo Books Indian Ocean Ltd., member of the OmniScriptum S.R.L Publishing group
str. A.Russo 15, of. 61, Chisinau-2068, Republic of Moldova Europe
Printed at: see last page
ISBN: 978-613-5-41958-0

Copyright © German Parra Naranjo
Copyright © 2021 Dodo Books Indian Ocean Ltd., member of the OmniScriptum S.R.L Publishing group

La Biblia de la Ley de Atracción

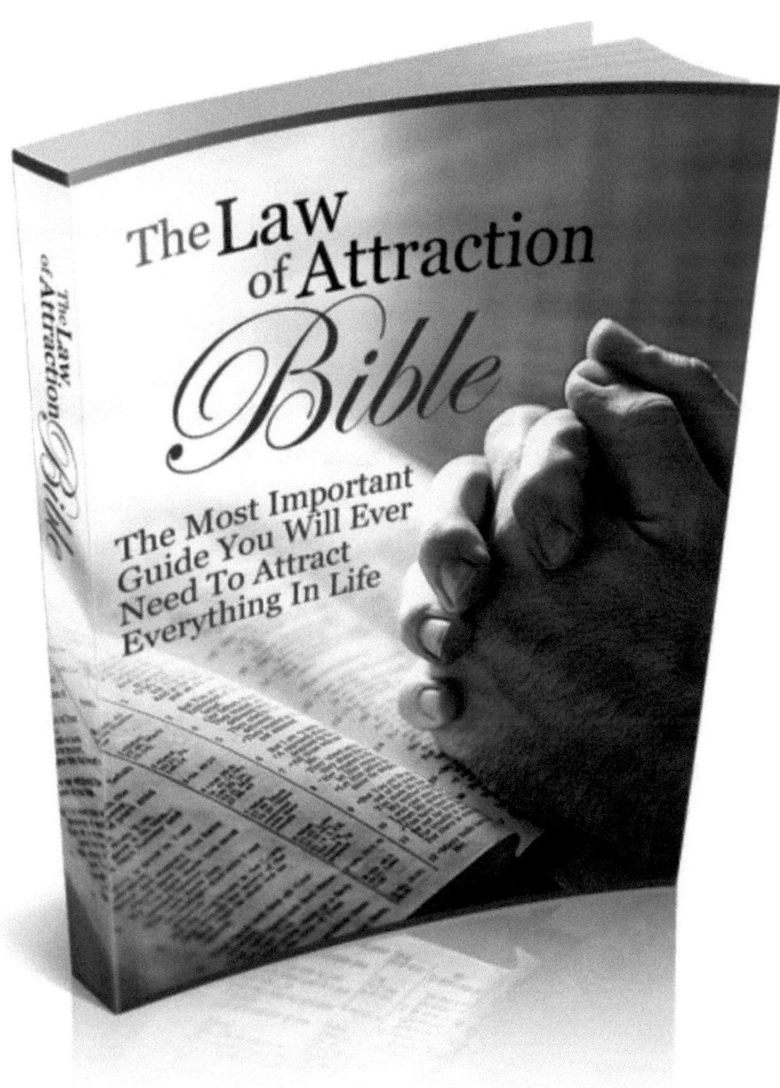

Términos y condiciones

AVISO LEGAL

El editor se ha esforzado por ser lo más preciso y completo posible en la creación de este informe, a pesar del hecho de que no garantiza ni declara en ningún momento que los contenidos incluidos sean precisos debido a la naturaleza rápidamente cambiante de Internet.

Si bien se han hecho todos los intentos para verificar la información proporcionada en esta publicación, el editor no asume ninguna responsabilidad por errores, omisiones o interpretación contraria del tema en este documento.

Cualquier desaire percibido de personas, pueblos u organizaciones específicas no es intencional.

En los libros de consejos prácticos, como en cualquier otra cosa en la vida, no hay garantías de ingresos. Se advierte a los lectores que respondan según su propio juicio sobre sus circunstancias individuales para actuar en consecuencia.

Este libro no está destinado a ser utilizado como fuente de asesoramiento legal, comercial, contable o financiero. Se aconseja a todos los lectores que busquen los servicios de profesionales competentes en los campos legal, comercial, contable y financiero.

Se le anima a imprimir este libro para facilitar su lectura.

Tabla de contenido

Prefacio

La Ley de la Atracción se ha popularizado en los últimos tiempos y ha estado generando una cantidad considerable de publicidad a través de libros como El secreto. Obtenga toda la información que necesita aquí.

Biblia de la Ley de la Atracción

La guía más importante que necesitará para atraer todo en la vida

Capítulo 1:

Introducción

Sinopsis

También están surgiendo teorías de que la Ley de Atracción fue utilizada en el pasado por científicos y músicos como Einstein y Beethoven. Muchos expertos también creen que, aunque las personas desconocen la Ley de Atracción, está trabajando continuamente en la vida de cada individuo.

¿Tu crees?

Hay mucha gente que se pregunta si una persona que cree en la Ley de Atracción puede lograr todo lo que su corazón desea.

El dilema surge por la creencia de que las cosas no son fáciles en la vida. Por lo tanto, lógicamente, incluso a muchas personas de mente abierta les resulta difícil creer en la Ley de Atracción. A muchas personas les resulta lógicamente difícil creer en la Ley de Atracción, incluso si quieren creer que pueden tener todo lo que quieren con solo pensar en sus ambiciones, esperanzas y sueños.

Muchas personas de mente abierta, después de creer durante años que las cosas no son fáciles en la vida de cualquier individuo, llegan a un punto en el que les resulta extremadamente difícil creer que pueden lograr todo lo que desean simplemente usando la Ley de Atracción. Pero cuando se les proporciona evidencia científica que respalda la Ley de Atracción, muchas personas han llegado a creer en el poder de este principio. Autores destacados sobre la Ley de Atracción, como Rhonda Byrne, creen que la mayoría de las personas no pueden lograr sus objetivos deseados porque viven en la epidemia de procesos de pensamiento negativos. Estas personas se enfocan en lo que no quieren y lo que les falta en su vida en lugar de enfocarse en lo que tienen y lo que quieren.

Muchas personas también malinterpretan por completo la Ley de Atracción, lo que resulta en el mal uso de la Ley. Por tanto, para comprender la Ley de Atracción es importante adoptar una perspectiva de la realidad subjetiva. Por lo tanto, centrarse en la Ley de Atraccion ayudará.

Cada individuo logra lo que quiere en su vida. La Ley de Atracción ayudará a cada individuo a crear su propia realidad al enfocarse en acciones positivas y procesos de pensamiento.

La Ley de Atracción esencialmente significa permitir que los pensamientos positivos se multipliquen y minimicen los pensamientos negativos para lograr lo que su corazón realmente desea. La Ley de Atracción puede ayudar a cada individuo a aprovechar el poder en su propia vida con buenos hábitos. Pero al usar el poder de la Ley de Atracción, uno debe ser cauteloso en todo momento para que el uso no resulte en un mal uso.

Capitulo 2:

Historia de la ley de la atracción

Sinopsis

El debate sobre la Ley de Atracción se remonta al siglo XIX y, como todos los movimientos pseudo espirituales y espirituales, el debate sobre la Ley de Atracción no provino de entidades canalizadas. Thomas Troward inició el Movimiento del Nuevo Pensamiento en el siglo XIX en los Estados Unidos y tuvo una fuerte influencia en el movimiento. Afirmó que el proceso de pensamiento de una persona precede a toda forma física y, por lo tanto, la acción de la mente puede plantar el núcleo que, si se le permite tener un crecimiento sin perturbaciones, eventualmente atraerá todas las circunstancias necesarias para la manifestación externa.

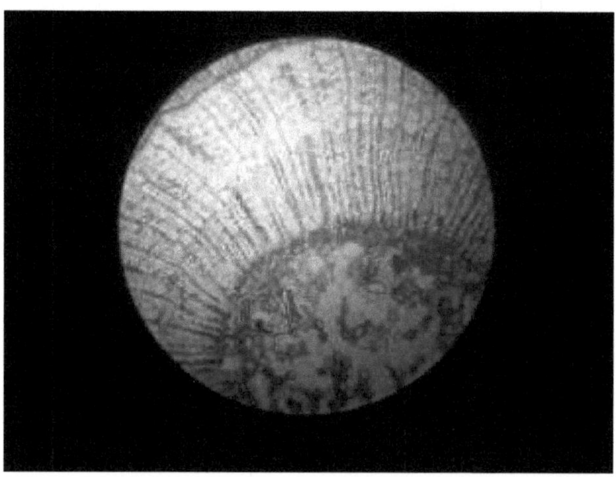

Lo similar atrae lo similar

Entre 1900 y 1911, James Allen, otro escritor inglés del Nuevo Pensamiento, escribió una serie de artículos y libros que continuó su esposa Lily Allen. En 1902 James Allen publicó uno de sus artículos más conocidos, "As a Man Thinketh". Esto formó la base del Movimiento del Nuevo Pensamiento a principios del siglo XX. William Walker Atkinson en 1906 comenzó a usar la frase "lo similar atrae a lo similar" en uno de sus famosos libros, Thought Vibration or the Law of Attraction in the Thought World. Estos artículos comenzaron la base para el debate sobre la reactivación de la Ley de Atracción y el renacimiento continuó cuando Elizabeth Towne resumió el principio de la Ley de Atracción al afirmar que una persona es lo que piensa y no lo que piensa que es.

Wallace D. Wattles es uno de los primeros autores del Movimiento del Nuevo Pensamiento y también de la Ley de Atracción cuando escribió que se pueden hacer cosas pensando en ellas. También escribió que nuestro proceso de pensamiento es en realidad una sustancia que puede ayudar en la manifestación externa de las cosas, pero para hacerlo, una persona debe trascender a la mente creativa desde la mente competitiva.

Este principio fue apoyado por la física cuántica cuando Neil Bohr descubrió que la energía puede estar en forma de partícula u onda. Además, la energía depende completamente de las expectativas del observador. Durante este tiempo, Napoleon Hill publicó dos de sus famosos libros, La ley del éxito en 16 lecciones y Piense y hágase rico. Estos dos libros se convirtieron en algunos de los libros más vendidos de todos los tiempos que discutían la importancia de controlar el proceso de pensamiento de una persona para tener éxito en la vida. Napoleon Hill sugirió que el secreto para lograr el éxito es atraer la positividad y el éxito a la vida pensando realmente en los sucesos positivos y el éxito.

En 1937, Israel Regardie publicó varios libros sobre el concepto de la Ley de Atracción como si tuviera una base bíblica y uno de esos libros, 'El arte de la verdadera curación', enseña al lector sobre el uso de la técnica de la meditación enfocada para ayudar a sanar la mente a un nivel espiritual. y nivel físico. Regardie sugiere que la Ley de Atracción se puede utilizar para atraer una buena salud física y también es aplicable en la búsqueda del éxito en diferentes aspectos de la vida.

Capítulo 3:

Ejemplos de cómo funciona la ley de la atracción Sinopsis

La Ley de la Atracción es uno de los temas más discutidos de los últimos tiempos y prácticamente se ha ganado un estatus de celebridad por la exposición que ha venido recibiendo por parte de los medios. Prácticamente todo el mundo está discutiendo el concepto de Ley de Atracción y su base bíblica. Casi todos los seres vivos en este planeta operan sobre el concepto de la Ley de Atracción, por lo tanto, muchos creen que nosotros, como seres humanos, simplemente no tenemos otra opción que seguir el concepto de Ley de Atracción. La mayoría de la gente cree que cada individuo tiene el poder para enfocarse conscientemente en un objeto particular para lograr el objeto.

Lo que sucede

Se cree que la Ley de Atracción funciona cada segundo en cada minuto de nuestra vida diaria. La mayoría de la gente cree que prácticamente no se puede escapar de la Ley de Atracción, ya que es un concepto bíblico. Muchos cristianos creen que la Ley de Atracción es similar a la Ley de la gravedad, que puede ayudar en transformaciones considerables en la vida de una persona a través del empoderamiento y el autodominio. Mientras se pregunta cómo funciona la Ley de Atracción, hay muchos ejemplos simples y fáciles que pueden mostrar evidencia sobre la existencia de la Ley de Atracción.

Cuando vas a un café o bistró, pides tu comida y esperas que la orden llegue exactamente como se solicitó. Además, cuando vas a tu peluquero, le preguntas exactamente cómo esperas que tu cabello esté peinado y esperas que tenga el estilo que solicitaste. Cuando solicita que se complete una reparación en su automóvil, espera que se complete la reparación. Así de fácil funciona la Ley de Atracción en nuestra vida diaria. ¡Usted hace una solicitud pensando en las imágenes que tiene en su mente y el universo entregará su solicitud exactamente como la solicitó!

Incluso cuando aplique esto a su vida, comprenderá que los pensamientos negativos atraen la negatividad a su vida porque toda la energía negativa que se centra en su proceso de pensamiento causará una reacción violenta en su vida. Si vas por tu vida pensando en el dinero que no tienes, en todas las facturas que se acumulan sin pagar y todo

Las cosas que no puedes permitirte comprar estás ordenando al universo que aumente la negatividad en tu vida. Cuanto más piense en la falta de dinero, más facturas tendrá que pagar que no puede pagar. En esta situación, el universo en realidad está entregando lo que estás solicitando a través de tu proceso de pensamiento negativo.

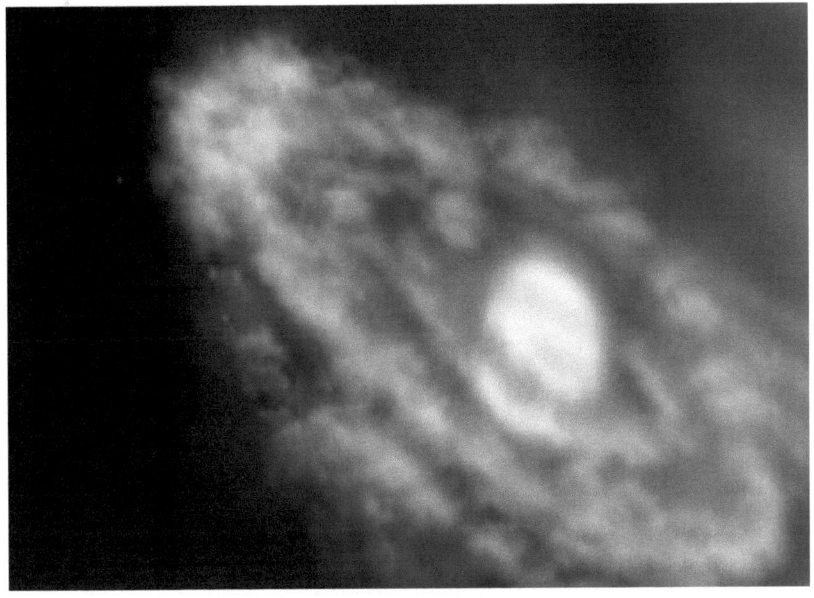

Capítulo 4:

Cómo la gente tiende a abusar de la ley de la atracción **Sinopsis**

Consciente o inconscientemente, estás creando tu vida y el entorno que te rodea con tu proceso de pensamiento. Este simple principio se conoce como Ley de Atracción. Existen varias leyes espirituales sobre la creación de una vida y el medio ambiente que lo rodea. Tenga en cuenta que es extremadamente importante comprender el verdadero concepto de realidad y cómo puede moldear la realidad para traer positividad a su vida. Muchas personas tienden a abusar de la Ley de Atracción y luego comienzan a preguntarse por qué no obtuvieron lo que querían. Las personas suelen hacer un mal uso de la Ley de Atracción en lugar de rendirse a un propósito más amplio en su vida

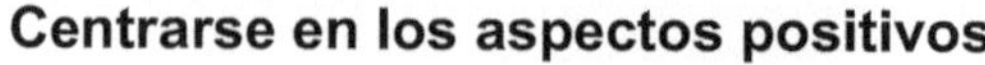

Centrarse en los aspectos positivos

El uso indebido más común de la Ley de Atracción a menudo incluye concentrarse en las cosas que faltan en su vida. Siempre debes asegurarte de reconocer las cosas buenas de tu vida en lugar de concentrarte en las cosas que faltan en tu vida, lo que da como resultado el mal uso de la Ley de Atracción. Si eres soltero y deseas encontrar un compañero de vida y deseas utilizar la Ley de Atracción para encontrar un compañero de vida, debes comenzar por preguntarte cómo eres como persona.

¿Estás agradecido por todas las cosas buenas de tu vida, te sientes digno de confianza y digno de ser amado? Si responde positivamente a todas estas preguntas, encontrará un compañero de vida con la ayuda de la Ley de Atracción y si responde a las preguntas descubriendo que se siente miserable y solo sin un compañero de vida, podría terminar atrayendo a la persona equivocada.

El mal uso de la Ley de Atracción también puede ocurrir por no ser coherente y claro acerca de lo que quiere. Hay muchas personas que saben lo que no quieren, pero rara vez tienen claro lo que realmente quieren. En caso de que se encuentre con puntos de vista contradictorios sobre lo que desea, estará haciendo un mal uso de la Ley de Atracción. Usando el mismo ejemplo anterior, si desea un compañero de vida en un día, pero otros días dice que no desea entablar una relación porque está demasiado ocupado o no está dispuesto a hacer una inversión emocional, en realidad está confundir su proceso de pensamiento, lo que podría ser contra producente en forma de atracción fatal.

Por lo tanto, es imperativo que sea coherente y claro en lo que quiere. A menudo, determinar lo que quiere implica explorar las cosas que traen verdadera felicidad a su vida. Para ello, debes ser capaz de entregarte a un propósito más amplio en la vida que te ayudará a encontrar lo que realmente deseas en tu vida. Por ejemplo, si recientemente ha experimentado una ruptura, puede comenzar por reconstruir su vida, nutrirse y nutrirse hasta el momento en que esté listo para iniciar una nueva relación. Después de esto, puede comenzar a buscar nuevos socios y encontrar el compañero de vida adecuado. Sin embargo, debe asegurarse de no concentrarse en la parte negativa que carece del deseo.

Capítulo 5:

Limpiar el desorden en tu mente **Sinopsis**

En caso de que te bombardean constantemente con pensamientos negativos como sentimientos de ansiedad, estrés, nerviosismo, celos e incluso inferioridad, comenzarás a observar la realidad negativa en tu vida. Esto se debe a que, como lo establece la Ley de Atracción, su proceso de pensamiento es el imán que atrae la realidad posterior a su vida. Si su proceso de pensamiento es positivo con sentimientos positivos como el amor, la paz y la alegría, encontrará una realidad positiva en su vida. El proceso de pensamiento negativo puede atraer la realidad negativa que a menudo puede conducir a la depresión o al mal uso de la Ley de Atracción.

Limpiar el desorden

Para experimentar la efectividad de la Ley de Atracción y traer positividad a tu vida, debes ser capaz de despejar el desorden de tu mente para permitir que crezcan los pensamientos positivos. Para ello, debe comprender que cualquier pensamiento, cuando se le presta atención, se multiplicará en más pensamientos. Por lo tanto, si piensa positivamente, los pensamientos positivos se multiplicarán, lo que hará que atraiga la positividad a su vida. El combustible para cualquier proceso de pensamiento, tanto negativo como positivo, es prestar atención al proceso de pensamiento. Con la atención del pensamiento, simplemente volverá a morir en la nada de la que nació.

Puede utilizar este principio para eliminar los pensamientos negativos de su mente, especialmente antes de comenzar a sentirse abrumado por el proceso de pensamiento negativo. No prestes atención en caso de que surja un pensamiento negativo en tu mente y, en cambio, desvíe tu atención hacia una actividad positiva. Los pensamientos negativos morirán de hambre debido a la falta de atención y pronto descubrirás que tu mente está llena de pensamientos positivos que traerán positividad a tu vida. La falta de atención a cualquier proceso de pensamiento reducirá el impulso del proceso de pensamiento y desviar su atención de los pensamientos negativos creará grandes espacios entre los pensamientos negativos para que no tengan ningún poder sobre su vida.

Los pensamientos positivos son fuerzas creativas y surgen de la abundancia y el amor. Tu ser tiene abundante capacidad para generar pensamientos positivos y creativos que cuando están activos pueden ayudarte a despejar tu mente del desorden de pensamientos negativos, para transformar tu mente con un pensamiento condicionado. Inicialmente, puede ser difícil matar de hambre el proceso de pensamiento negativo porque cada pensamiento negativo buscará atención por su propia naturaleza. Debes tratar de desviar tu mente para matar de hambre el pensamiento negativo de atención e impulso. Aunque pueda sentirse incómodo, a veces incluso con miedo, debe evitar prestar atención a los pensamientos negativos.

Incluso si siente pánico, debe quitar la atención de su proceso de pensamiento y comenzar a hacer algo positivo para permitir que los pensamientos positivos se multipliquen en su mente y desarraigue por completo el proceso de pensamiento negativo. La forma más natural de despejar su mente de todo el desorden es permitir que su conciencia se relaje. Debe abrir su enfoque en lugar de reducirlo, lo que ayudará a que los pensamientos positivos se multipliquen.

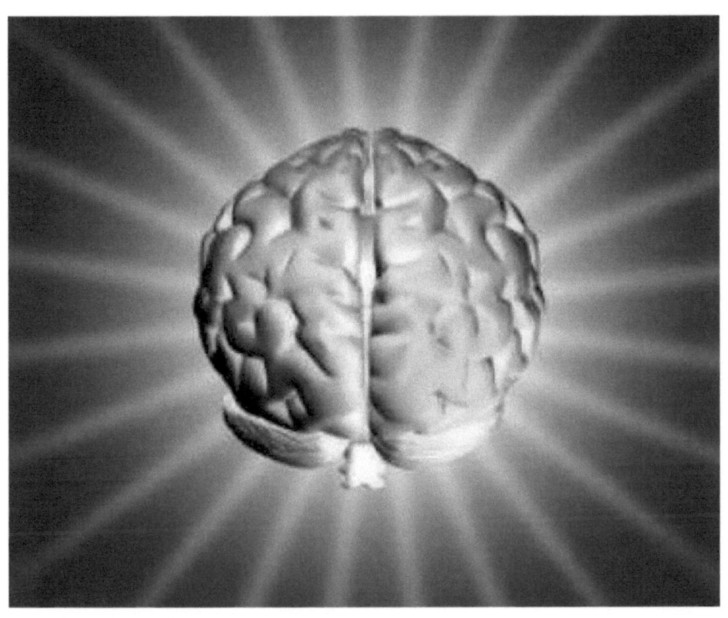

Capítulo 6:

Tener muy claro lo que quiere Sinopsis

La Ley de Atracción proporciona una de las formas más poderosas de lograr el éxito y los deseos de su corazón. Pero para que la Ley de Atracción funcione de manera efectiva es extremadamente importante tener una intención clara y consistente.

Claro y consistente

Al tener una intención clara y consistente, será posible una combinación de vibraciones, lo que significa que podrá generar una armonía energética. Una intención inconsistente y poco clara no le permitirá generar una coincidencia de vibraciones que pueda cancelar su solicitud al universo.

Por ejemplo, si desea perder grasa corporal diciendo que desea adelgazar y pedir papas fritas en un restaurante, no podrá generar una coincidencia de vibración que provoque la cancelación de su solicitud al universo. No solo es una intención inconsistente y poco clara, sus acciones no apoyan su intención, lo que resulta en el mal uso de la Ley de Atracción.

Si su intención es cocinar pescado fresco de un lago, no puede sentarse en un sofá y usar la Ley de Atracción diciendo que quiere que se cocine pescado fresco. En cambio, debes conseguir una caña de pescar y empezar a pescar en el lago. Tus acciones proporcionarán una combinación de vibraciones para tu intención, permitiendo que el universo vea que claramente deseas obtener pescado fresco del lago para cocinar. Solo entonces el universo conseguirá que los peces noten el cebo y podrás empezar a cocinar pescado fresco.

La esencia básica de la Ley de Atracción es tener intenciones claras y consistentes para que la Ley de Atracción sea efectiva. Cuanto más concreta y vívida sea su intención, más rápidamente podrá lograr el resultado. Por tu intención de ser vívido y concreto, debe poder verse a sí mismo en el resultado y debe intentar que el resultado suceda a través de sus acciones. Mientras actúa según sus intenciones, debe asegurarse de despejar su mente de todos los pensamientos negativos y permanecer concentrado en lo que desea lograr. No debe haber ninguna duda en su mente sobre lo que desea manifestar.

Las imágenes que cree sobre el resultado que desea deben imitar la vida real tanto como sea posible. Así, si deseas comer una tarta de chocolate debes poder ver la tarta, oler la tarta y en definitiva llevarte la tarta en la imagen mental. También debes imaginarte sosteniendo el tenedor mientras cortas el pastel y lo acercas a tu boca. Si puedes incluir todos tus cinco sentidos, podrás crear una intención más vívida que te ayudará a lograr el resultado mucho más rápido. También debe repetir esta imagen mental en su mente con frecuencia para aumentar la velocidad de lograr el resultado.

Capítulo 7:

Centrándose en los fines versus los medios Sinopsis

Los errores más comunes cometidos por la mayoría de las personas al utilizar la Ley de Atracción es confundir los objetivos finales con los medios utilizados para lograr los objetivos finales.

Tocando en

Las metas finales son esencialmente resultados con los que una persona no está dispuesta a comprometerse y las metas finales a menudo describen exactamente lo que la persona quiere. Por otro lado, los objetivos medios son esencialmente los diferentes caminos y métodos utilizados para lograr los objetivos finales.

Por ejemplo, si desea asistir al concierto de su grupo de música favorito, este es un objetivo final. Asistir al concierto de tu grupo musical favorito define el resultado. Ya sea que desee estar en el concierto en persona para poder disfrutar al máximo de la experiencia o que vea el concierto en la televisión o en Internet, define los objetivos medios. Incluso si la estación de radio ofrece un concurso en el que puede ganar entradas para asistir al concierto y decide que desea ganar el concurso, esto no define su objetivo final, sino que es el objetivo medio. Las entradas proporcionadas por la emisora de radio a través del concurso es una de las formas en las que puedes asistir al concierto que es tu objetivo final.

Muchas veces, las personas se encuentran bloqueadas en la parte del logro de sus objetivos finales. Esto se debe a que no han podido visualizar los resultados correctamente en su mente o se han confundido entre los objetivos medios y los objetivos finales. Por lo tanto, para poder lograr el éxito o cualquier resultado en su vida a un ritmo más rápido, debe poder concentrarse en el fin en lugar de en los medios. Además, dado que los objetivos finales se mantendrán constantes, es mejor concéntrese en ellos y cambie sus metas medias para lograr las metas finales.

Al concentrarse solo en los objetivos finales, podrá revisar los objetivos medios de acuerdo con su situación actual y esta estrategia le permitirá alcanzar sus resultados finales a un ritmo más rápido. Tratar los objetivos finales y los objetivos medios de la misma manera causará frustración y confusión innecesarias en su mente, lo que a menudo resulta en el mal uso de la Ley de Atracción. Además, puede hacer que se apegue a los objetivos medios que no importan a largo plazo y perderá la concentración en sus objetivos finales.

Por lo tanto, es importante aclarar sus objetivos medios y objetivos finales para evitar confusiones. También puede hacer que sus objetivos medios sean bastante específicos y le ayudarán a alcanzar sus objetivos finales. Sin embargo, en todo momento sus objetivos finales deben ser el foco de su concentración. Cambiar los objetivos medios para lograr sus objetivos finales le hará sentirse imparable en la búsqueda de los objetivos finales y le ayudará a desarrollar el coraje. Este tipo de actitud también te ayudará a ver el panorama general para lograr tus objetivos finales lo antes posible

Capítulo 8:

Creando un hábito a partir de eso Sinopsis

Crear un hábito a partir de la multiplicación de pensamientos positivos en tu mente y enfocarte en los objetivos finales en lugar de los objetivos medios es esencialmente usar una fuerza híbrida en combinación con la Ley de Atracción para lograr el éxito y los deseos de tu corazón en tu vida.

Visualizar

Hay varias cosas que deben continuar de manera constante para que el éxito y sus deseos se manifiesten en su vida con la ayuda de la fuerza del hábito y la Ley de Atracción. Por lo tanto, debes convertir en un hábito dar energía, atención y enfoque a los objetivos finales y los pensamientos positivos.

Puede hacer esto haciendo una caja de visión o un tablero de visión. Puede estudiar la caja de visión o el tablero de visión durante al menos 5 a 10 minutos a diario. Sin embargo, debe asegurarse de estudiar la caja de visión o el tablero a la misma hora todos los días. También puede considerar estudiar este tablero de visión al menos de 3 a 4 minutos antes de irse al trabajo para que lo motive en su lugar de trabajo para lograr sus objetivos finales.

Junto con el estudio del tablero de visión también puedes prever cómo será tu día en el lugar de trabajo, lo que significa que estarás visualizando todos los clientes que estarás cumpliendo y todos los objetivos que estarás logrando. Visualice un día perfecto en su cabeza y comience el día motivando su mente para lograr sus objetivos medios que lo ayudarán a lograr sus objetivos finales. En caso de que tiende a olvidarse de su tablero de visión y visualización, puede configurar una alarma en su teléfono celular para recordarle a la misma hora todos los días que piense en su tablero de visión y visualice el momento en que logre su objetivo final.

También puede usar este tiempo para estar agradecido por algo en su vida que lo ayudará aún más a lograr sus objetivos finales con la fuerza del hábito y la Ley de Atracción. La clave para forzar el hábito con éxito es la coherencia. Hay muchos expertos en psicología que creen que puede formar un hábito en 21 días y, por lo tanto, puede utilizar tres semanas de tiempo para formar una fuerza de hábito de pensar pensamientos positivos y concentrarse en sus objetivos finales. Sin embargo, en la mayoría de los casos, no lo sabrá porque una vez que se forme el hábito, inconscientemente visualizará el logro de sus objetivos finales mediante el estudio de su tablero de visión.

En todo momento debes asegurarte de ser constante y tener un ritual cronometrado para proporcionar energía, atención y concentración en tu objetivo final. Puede tomar posesión de su poder mental para lograr sus objetivos finales con la fantástica combinación de fuerza de hábito y Ley de Atracción. En todo momento debes creer en ti mismo para lograr tus metas finales y mantenerte flexible para cambiar tus metas medias para lograr el resultado final en tu vida.

Capítulo 9:

Más qué hacer y qué no hacer sobre la ley de la atracción

Sinopsis

La Ley de Atracción es una de las herramientas más poderosas que cualquier individuo puede usar para lograr sus objetivos finales y traer positividad junto con éxito a su vida. Dado el poder de la Ley de Atracción, es extremadamente importante comprender los diversos pros y contras de la Ley de Atracción para no hacer un mal uso de la Ley de Atracción.

Algunas pautas

Más pros y contras sobre la Ley de Atracción incluyen:

• Aproveche las experiencias positivas de su vida y no se concentre en ningún obstáculo importante que se interponga en su camino para lograr sus objetivos finales.

• No crea en procesos de pensamiento negativos como si no mereciera el éxito o la felicidad. Incluso si has experimentado durante toda una vida que otras personas te digan que no mereces el éxito o la felicidad, no debes creer en esos procesos de pensamiento negativos.

• Rompe todas las creencias negativas, como que no eres lo suficientemente bueno, que nunca lograrás nada, que no mereces la felicidad, que no mereces el éxito o que los ricos son malvados y egoístas.

• No se concentre en ningún objetivo mezquino que no esté funcionando. En cambio, concéntrese en cambiar los objetivos medios de acuerdo con su situación para lograr sus objetivos finales. Por ejemplo, no se centre en la falta de orientación de su jefe o en lo malos que son sus vecinos. Si desea cambiar algo en su vida, debe concentrarse en poder
atrae lo que quieras como amor, paz y armonía en tu vida.

• Concéntrese en proporcionar positividad a la vida de otras personas y también esté agradecido por lo que tiene en su vida. Si deseas traer

positividad en tu vida, debes estar agradecido por lo que tienes en lugar de concentrarte en las diferentes cosas que faltan en tu vida. También debe ser amable y dulce con otras personas, independientemente de su comportamiento hacia usted. Por ejemplo, si desea encontrar un compañero de vida que lo apoye, lo acepte y lo ame, debe ser la misma persona para atraer a su compañero de vida.

• Concentre toda su energía y concentración en vibraciones receptivas, como decirse a sí mismo que se merece la felicidad y el éxito. También debes repetirte a ti mismo que la felicidad, el éxito y la abundancia están en camino para saludarte y brindarte todo el éxito y la felicidad que te mereces.

• No te concentres en ningún pensamiento negativo y quita toda la atención de los pensamientos negativos para que los pensamientos positivos se puedan multiplicar en tu mente.

• Establezca metas finales claras y consistentes y visualice los resultados de la consecución de estas metas finales.

• Sea paciente durante el proceso de lograr las metas finales permitiendo que el universo le proporcione las metas finales en su vida en el momento apropiado. Puede que lleve más tiempo del que desea, pero es lo mejor.

Terminando:

El camino hacia los sueños ilimitados

Sinopsis

Constantemente se nos enseña desde la niñez que nunca debemos dejar de soñar y nunca renunciar a nuestros sueños. Hay muchas personas que están confundidas acerca de lo que realmente los mantiene felices y, en cambio, eligen seguir con su rutina diaria, como ir a sus trabajos todos los días, mirar la pantalla de la computadora y sentarse encerrados dentro de las cuatro paredes de la oficina. Pero hay otros que sueñan continuamente con hacer diferentes cosas en la vida, como bailar, cantar o ayudar a los demás. Estas personas se sienten encadenadas al escritorio en el que están sentados y hablan constantemente sobre sus pasiones en la vida. En la mayoría de los casos, estas personas que logran lo que quieren en su vida, inconscientemente usan el poder de la Ley de Atracción.

Hacer más

Si se siente encadenado al escritorio y actualmente desea hacer algo más en su vida, debe ser capaz de comprender el poder de la Ley de Atracción y el camino que proporciona para lograr sueños ilimitados. La Ley de Atracción puede transformar la debilidad en fuerza, la tristeza en felicidad y el fracaso en éxito. Con la Ley de Atracción, todo es posible y nada está fuera de tu alcance. Si sigue las creencias de la Ley de Atracción, podrá alcanzar sus objetivos finales a un ritmo más rápido.

Wallace D. Wattles fue uno de los primeros grandes pensadores en arrojar luz sobre el uso de la Ley de Atracción para cambiar la situación financiera en la vida de una persona. En 1910, Wattles publicó uno de sus libros más famosos, "La ciencia de hacerse rico", en el que explicaba la importancia de usar el poder de la mente para lograr su situación financiera. Si bien este libro se centró simplemente en cambiar la situación financiera de cualquier persona, los principios establecidos en el libro se pueden usar para lograr diferentes objetivos finales en su vida, como perder peso corporal, encontrar el compañero de vida adecuado, hacer nuevos amigos o comprar su nueva casa.

La Ley de Atracción proporciona un camino para lograr sueños ilimitados, pero debes tener una fe absoluta y completa en la capacidad del universo para proporcionar todas las cosas que imaginas lograr. También debes estar agradecido con el universo por lo que ya te ha dado y esta es la clave para lograr el éxito y más felicidad en tu vida. Una vez iluminado con el poder que te brinda la Ley de Atracción acumularás grandes sumas de conocimiento que te ayudarán a ser una persona más feliz, rica y saludable.

Usar la Ley de Atracción para lograr sus objetivos finales también le dará energía positiva para permanecer feliz y feliz en todo momento. También encontrará la paz interior para mantener el equilibrio de su vida personal y profesional. Encontrará energía positiva en su lugar de trabajo, salud, vida familiar y vida amorosa. Puede comenzar a lograr esto con la Ley de Atracción ahora mismo.

yes

I want morebooks!

Buy your books fast and straightforward online - at one of world's fastest growing online book stores! Environmentally sound due to Print-on-Demand technologies.

Buy your books online at

www.morebooks.shop

¡Compre sus libros rápido y directo en internet, en una de las librerías en línea con mayor crecimiento en el mundo! Producción que protege el medio ambiente a través de las tecnologías de impresión bajo demanda.

Compre sus libros online en

www.morebooks.shop

KS OmniScriptum Publishing
Brivibas gatve 197
LV-1039 Riga, Latvia
Telefax: +371 686 204 55

info@omniscriptum.com
www.omniscriptum.com

Printed by Books on Demand GmbH, Norderstedt / Germany